Rogério Bellini

BRINCANDO NA CATEQUESE

Ilustrações: Rico

Paulinas

Dados Internacionais de Catalogação na Publicação (CIP)
(Câmara Brasileira do Livro, SP, Brasil)

Bellini, Rogério
    Brincando na catequese / Rogério Bellini; ilustrações: Kico. — 9. ed. – São Paulo: Paulinas, 2011. – (Recursos pedagógicos).

ISBN 978-85-356-2957-6

1. Educação religiosa para crianças. I. Kico. II. Título. III. Série.

11-12578   CDD-372.84

Índice para catálogo sistemático:
1. Educação religiosa: Ensino fundamental   372.84

Nenhuma parte desta obra pode ser reproduzida ou transmitida por qualquer forma e/ou quaisquer meios (eletrônico ou mecânico, incluindo fotocópia e gravação) ou arquivada em qualquer sistema ou banco de dados sem permissão escrita da Editora. Direitos reservados.

Revisado conforme a nova ortografia.

Direção-geral
Ivani Pulga

Direção de arte
Irma Cipriani

Gerente de produção
Antonio Cestaro

Coordenação editorial
Noemi Dariva

Revisão
Sandra Soares Garcia

Produção de arte
Mariza de Souza Porto

9ª edição – 2011
4ª reimpressão – 2022

Paulinas
Rua Dona Inácia Uchoa, 62
04110-020 – São Paulo – SP (Brasil)
Tel.: (11) 2125-3500
http://www.paulinas.com.br – editora@paulinas.com.br
Telemarketing e SAC: 0800-7010081

© Pia Sociedade Filhas de São Paulo – São Paulo, 1999

Apresentação

Este livro apresenta brincadeiras que são conhecidas por todos como: amarelinha, pega-pega, pula corda etc., enriquecidas com os ensinamentos da catequese. Seu objetivo é proporcionar o desenvolvimento do aprendizado da criança no processo de educação da fé, transmitindo valores de partilha, colaboração, ajuda mútua, ensinando também a criança a vencer e perder.

Acredito que muitos de vocês devam conhecer outras brincadeiras que lhes foram ensinadas na infância; essa herança cultural pode ser aproveitada na catequese como recurso prático para evangelização.

É bom lembrarmos que as brincadeiras não substituem o encontro; elas devem ser usadas como complemento, para assimilar conteúdos de modo divertido. Ao introduzir uma nova brincadeira, procure questionar-se sobre como a mesma poderá refletir e enriquecer o assunto do encontro.

Os momentos de lazer são importantes para o grupo. Sempre que oportuno, deve-se agendar com os catequizantes momentos para brincadeiras livres, competições, torneios, passeios, confraternizações, festas de aniversário, atividades que proporcionarão ao grupo uma vivência comunitária, marcada pela amizade e pelo companheirismo dos colegas da catequese.

Espero que as ideias apresentadas a seguir sejam proveitosas a sua catequese e que a partir delas você consiga obter grandes resultados na sua caminhada evangelizadora.

Rogério Bellini

Introdução

Você, catequista, já parou para pensar sobre a importância das brincadeiras na vida de seus catequizandos?

A catequese é algo sério. Mas, para as crianças, a brincadeira também o é. O desenvolvimento das crianças centraliza-se nas brincadeiras. Essa é a maneira mais natural de aprender. Somente nos últimos vinte anos é que o valor do desenvolvimento por meio das brincadeiras tem sido reconhecido. Antes, brincar era tido como uma atividade vazia, usada para preencher o tempo quando a criança não podia ser ocupada de maneira "útil". Agora, reconhecemos que a brincadeira é um meio essencial de adquirir a maioria das habilidades dos adultos, particularmente as sociais. Por meio das brincadeiras, as crianças criam amizades e sobretudo aperfeiçoam seu relacionamento humano.

Os brinquedos têm importante papel educativo em todos os estágios do desenvolvimento. Então, por que não aproveitar esse recurso na catequese? Tudo pode servir para integrar um grupo, para dar uma mensagem bíblica, para transmitir os valores presentes nos conteúdos catequéticos, enfim, para tornar o encontro com os catequizandos mais dinâmico e participativo. Participar e encorajar seus catequizandos nas brincadeiras fortalecerá o relacionamento entre vocês à medida que eles o veem como doador de conhecimento e diversão.

OBJETIVO:

- Assimilar os Dez Mandamentos da lei de Deus;
- Conscientizar o catequizando de que seguir os Dez Mandamentos o aproximará ainda mais de Deus.

MATERIAL:

- Giz de lousa para riscar a amarelinha no chão;
- Tampinha de garrafa ou um objeto com que se possa marcar a casa da amarelinha.

COMO BRINCAR:

- Chame sua turma para brincar. Com um giz, risque no chão os desenhos de amarelinha mostrados acima. Tire a sorte para ver quem começa. De fora da amarelinha, jogue uma tampinha, que deverá cair na casa de número 1.
Antes de pular diga o Primeiro Mandamento e depois, com um pé, comece a pular, seguindo a ordem dos números. Não pise a casa onde está a tampinha.
Só coloque os dois pés no chão quando houver uma casa ao lado da outra. Vá pulando até alcançar o número mais alto.
Quando chegar ao Céu, coloque os dois pés no chão, vire-se e volte pulando da mesma forma.
Quando chegar ao número 2, abaixe-se, mantendo-se num pé só, pegue a tampinha e pule por cima da casa de número 1.
Faça o mesmo com as outras casas.

Obs.: A brincadeira da amarelinha poderá ser usada para trabalhar os Sacramentos também; nesse caso deve-se riscar o desenho com apenas sete casas.

BÍBLIA EM MUTIRÃO

OBJETIVO:
- Manusear melhor a Bíblia e ter maior contato com os ensinamentos da Palavra de Deus.

MATERIAL:
- Duas Bíblias.

COMO BRINCAR:
- Sente com seus catequizandos no chão, formando um círculo. Solicite a eles o nome de um personagem bíblico (João Batista, Pedro, Jeremias...).
Cante com os catequizandos o refrão de uma música que fale sobre a Bíblia, como por exemplo:

"A Bíblia é a Palavra de Deus, semeada no meio do povo, que cresceu, cresceu e nos transformou, ensinando-nos a viver um Mundo Novo."

Fr. Fabreti (Paulinas – COMEP)

Enquanto estiverem cantando, todos deverão passar a Bíblia de mão em mão. Quando o refrão acabar, o catequizando que estiver com a Bíblia na mão deverá abri-la e encontrar uma citação que fale sobre o personagem escolhido. Caso a pessoa não encontre, esta deverá sair do círculo e, com a ajuda do catequista, procurar o texto. Só retornará à brincadeira quando encontrar a citação. A brincadeira continua até que todos consigam encontrar os textos referentes aos personagens solicitados.

CENTRAL TELEFÔNICA

OBJETIVO:
- Descontrair, "quebrar o gelo", favorecer a apresentação dos participantes.

MATERIAL:
- Dois telefones de brinquedo ou outro objeto que simule um telefone;
- Radiogravador.

COMO BRINCAR:
- Forme uma roda com os participantes. Coloque uma música bem animada no rádio e convide-os para dançar. O catequista deverá ficar no meio da roda com um dos telefones, sendo que o outro deverá circular entre os participantes, até que, num determinado momento, o radiogravador é desligado; nesse instante todos deverão imitar o som do telefone, quem estiver com o aparelho na mão deverá atendê-lo e responder a uma pergunta que será feita pelo catequista. A conversa pode ser sobre diversos temas, a critério do animador. Por exemplo: Quem é você? O que faz da vida? Onde mora? Quais os planos para este grupo ou para este encontro? etc. O catequista cederá, então, o seu lugar para a pessoa que respondeu à pergunta, e a brincadeira continua até que todos atendam o telefone.

CONHECENDO A COMUNIDADE

OBJETIVO:
- Conhecer os movimentos, as pastorais da paróquia e os serviços comunitários desenvolvidos por esses grupos em nossa comunidade.

MATERIAL:
- Etiquetas adesivas;
- Caneta hidrocor.

COMO BRINCAR:
- Com antecedência, relacione nas etiquetas, com a caneta hidrocor, os nomes dos grupos ou movimentos pastorais de sua paróquia (Grupo de Jovens, Pastoral do Batismo, Promoção Humana etc.). Você deverá afixar nas costas de cada participante uma etiqueta, de modo que o catequizando não veja a etiqueta afixada em suas costas, somente a de seus amigos. A brincadeira prossegue da seguinte forma: cada participante tentará adivinhar qual é a pastoral que está escrita na etiqueta afixada em suas costas. Para isso, ele deve questionar os outros colegas, como por exemplo: "A minha pastoral é formada por jovens ou adultos? Eles se reúnem em fins de semana ou durante a semana? Eles fazem trabalho em benefício dos necessitados? Eles cantam em suas reuniões?" etc. Os outros participantes poderão responder apenas "sim", "não". O catequizando que descobrir o nome da pastoral irá até o catequista, que deverá retirar a etiqueta de suas costas e afixá-la no peito. A brincadeira termina quando todos descobrem os nomes dos movimentos pastorais e os apresentam para o catequista.

CORREIO

OBJETIVO:

- Memorizar os nomes dos catequizandos ao iniciar um grupo novo ou quando receber um catequizando que foi transferido de outra turma ou paróquia.

COMO BRINCAR:

- O catequista será o dono do Correio e dirá: "Carta de (nome de um dos catequizandos) para (nome de outro catequizando)". Imediatamente os catequizandos que foram chamados trocarão de lugar. O dono do Correio senta no lugar ocupado por um deles. Então, quem ficar sem o lugar será o novo dono do Correio e continuará a brincadeira chamando outros dois amigos. Quando o dono do Correio quiser mexer com toda a turma, ele dirá: "Carta circular", e todos os catequizandos deverão mudar de lugar ao mesmo tempo.

PESCARIA

OBJETIVO:
- Proporcionar momentos de descontração antes de iniciar um encontro.

COMO BRINCAR:
- Forme um círculo com cadeiras, no qual cada participante ao sentar receba o nome de um peixe. O peixe animador (catequista) começa a circular entre as cadeiras e diz: "O pescador apanhou em sua rede o peixe..." (diz o nome de um dos peixes). O jogador que tem o nome indicado se levanta e segue o peixe animador. Assim vai prosseguindo. A fila de peixes movimenta-se entre as cadeiras. Em dado momento, o peixe animador diz: "A rede se rompeu!" Todos os peixes procuram então sentar-se em uma das cadeiras, inclusive o peixe animador. O peixe que ficar sem cadeira será o próximo peixe animador. Vencerá aquele que nunca ficar como peixe animador.

DANÇA DAS CADEIRAS

OBJETIVO:
- Avaliar os catequizandos com questões elaboradas sobre o conteúdo dos encontros catequéticos, de modo dinâmico e animado.

MATERIAL:
- Número de cadeiras necessário para todos os participantes;
- Envelope de papel;
- Folhas de papel sulfite contendo as questões para avaliação.

COMO BRINCAR:
- Arrume as cadeiras em círculo. Em uma das cadeiras você deverá afixar um envelope contendo as questões para a avaliação.
- Ao som de uma música animada, os catequizandos começam a dançar em volta das cadeiras.
- O catequista deve controlar a música.

REGRAS:
- Quando a música parar, todos os catequizandos deverão sentar-se nas cadeiras; aquele que sentar na cadeira com o envelope deverá pegar uma questão e responder; quem responder certo à pergunta pode receber alguma lembrança (bala, cartão, revista etc.), e deve deixar o círculo; se um catequizando do grupo não conseguir responder à questão, o grupo pode ajudá-lo.

Se o grupo responder certo, o catequizando deverá deixar o círculo para escrever no caderno a resposta da questão. Retire uma cadeira do círculo e continue a brincadeira.

A brincadeira termina quando o número de questões acabar ou quando sobrar apenas a cadeira com o envelope e o último catequizando.

OBJETIVO:

- Despertar no catequizando confiança em Deus para enfrentar e superar problemas;
- Mostrar que a nossa fé é a força para a caminhada cristã e só por ela venceremos os obstáculos que dificultam a nossa missão.

MATERIAL:

- Bola pequena;
- Dez vasilhames de refrigerante: descartáveis, transparentes e com tampas;
- Tinta guache (diversas cores);
- Onze etiquetas adesivas.

COMO BRINCAR:

- Você sabe jogar boliche? É muito fácil! Vamos preparar a nossa brincadeira. Primeiramente, vamos encher as garrafas com água. Para dar um colorido a cada uma das garrafas é só misturar um pouco de guache na água. Escreva nas etiquetas dez obstáculos que dificultam a missão de evangelizar e que nos afastam de Deus, como por exemplo: egoísmo, inveja etc. Peça sugestões aos catequizandos do grupo. Na bola você irá afixar uma etiqueta com a palavra FÉ. Começa o jogo: todos deverão mirar os obstáculos e jogar a bola para tentar derrubá-los. Ganha quem conseguir derrubar todos os obstáculos. Termine fazendo uma reflexão, mostrando que aqueles que creem em Deus são capazes de superar esses obstáculos e realizar grandes obras em seu nome.

Era uma vez...

OBJETIVO:
- Desenvolver o potencial criativo dos catequizandos para contar histórias, aproveitando para transmitir uma mensagem ao grupo.

MATERIAL:
- Uma cesta ou caixa contendo vários objetos como: pente, brinquedo, livro, panela etc.

COMO BRINCAR:
- Escolha a mensagem ou um valor de importância para a vida das pessoas (ex.: Amor, Solidariedade, Respeito etc.). Comece a brincadeira introduzindo a narração: "Era uma vez...". Passe a palavra para um dos seus catequizandos, só que dessa vez retire da cesta um objeto que ele deverá usar em sua narrativa. Dirija a história de modo que todos falem, usem os objetos em suas narrativas e introduzam a mensagem pedida no começo da história. O último catequizando termina a história e o catequista deve tentar relacionar a história e a realidade, deixando uma mensagem ao grupo.

Fazendo a Feira

OBJETIVO:
- Essa brincadeira visa à integração grupal. Ao contar uma história, a criança se desinibe diante do grupo, além de desenvolver criatividade, coordenação motora e rapidez no raciocínio.

MATERIAL:
- Com antecedência, o catequista deve preparar crachás coloridos com cores de frutas (amarela, laranja, roxa, vermelha, rosa, verde etc.), escrever o nome dos catequizandos e entregar no início do encontro.

COMO BRINCAR:
- Os catequizandos devem estar sentados em círculo. O catequista em pé, no meio da roda, explica a brincadeira: "a história que vou contar é sobre uma feira. Mas, atenção!, quando eu disser o nome de uma fruta, aquele que estiver com o crachá da cor dessa fruta deve levantar-se, rodopiar em volta de sua cadeira e voltar a sentar. Quando eu disser a palavra SACOLA, todos fazem a feira e mudam de cadeira".
O catequista senta-se numa das cadeiras, para que um dos catequizandos fique sobrando e tenha que continuar a história.

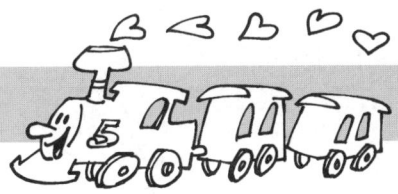 

OBJETIVO:

- De forma divertida, podemos memorizar os Cinco Mandamentos da Igreja. Cada vagão da locomotiva representará um mandamento, e a locomotiva será o cristão. A locomotiva só poderá partir assim que todos os vagões estiverem ligados a ela. O catequizando só será capaz de percorrer os trilhos da evangelização se transportar com a sua vida os Cinco Mandamentos, ou seja, as cinco dicas que o tornarão um verdadeiro cristão.

COMO BRINCAR:

- Trace duas linhas paralelas à distância de 10 m, uma para partida e outra para chegada.

Divida seu grupo de catequizandos e forme duas fileiras distantes uma da outra. Um dos jogadores de cada equipe ficará atrás da linha de chegada, ele será a locomotiva. Os demais jogadores representarão os vagões e ficarão em posição de revezamento atrás da linha de partida, todos sentados.

O primeiro jogador sai correndo e vai até a locomotiva, bate-lhe na mão, diz o nome de um mandamento, volta andando de costas até os demais jogadores de sua equipe. Chegando ao segundo jogador, este levanta-se, segura na cintura do primeiro, e os dois partem para o maquinista, batem--lhe novamente a mão, dizem o nome de outro mandamento. Repete-se a ação até que todos os vagões estejam unidos e se dirijam todos juntos ao representante, segurando-o pela cintura. O grupo que conseguir formar o trenzinho primeiro e sair apitando vence a brincadeira.

PIQUE-COMUNIDADE

OBJETIVO:

- Na catequese podemos utilizar essa brincadeira para trabalhar o Mês Vocacional, o Mês Missionário, a pessoa do sacerdote, do catequista e também dos leigos que trabalham pela evangelização e que por meio de seus serviços buscam acolher às pessoas para a comunidade. Pode-se mostrar a importância da Corrente (símbolo de união) entre os participantes, já que a mesma facilita a evangelização de outra pessoa.
- Lembrar os textos bíblicos:
"Onde dois ou mais estiverem reunidos em meu nome..." *(Mt 18,20)*
"Ide por todo o mundo e pregai o Evangelho..." *(Mc 16,15)*

COMO BRINCAR:

- Essa brincadeira é conhecida pelas crianças como pega-pega ou pegador. O pique-comunidade começa com uma criança (o pegador) correndo para pegar as demais. O participante que é tocado transforma-se também em pegador. De mãos dadas, eles passam a correr juntos para pegar os outros. Cada nova criança é agregada à corrente que vai crescendo. A brincadeira só termina quando a comunidade estiver formada e todos os participantes estiverem de mãos dadas. Nesse momento poderá ser feita uma oração pela união de todos. Não existe limite de participantes.

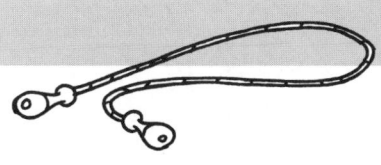

PULANDO PARA PERTO DE DEUS

OBJETIVO:

- Qual a criança que não gosta de pular corda? A corda é uma brincadeira que possibilita à criança desenvolver seus movimentos corporais de forma divertida e prazerosa. Na catequese, ela pode ser usada para reforçar os conteúdos catequéticos. Por exemplo: ao falarmos sobre o Sacramento da Confissão, podemos reforçar os cinco passos que nos levam à boa confissão:
  – exame de consciência;
  – arrependimento;
  – bom propósito;
  – confissão;
  – penitência ou reparação.

MATERIAL:

- Corda.

COMO BRINCAR:

- Ensine aos catequizandos a cantar o verso abaixo com a melodia: *"Ciranda, cirandinha"*.

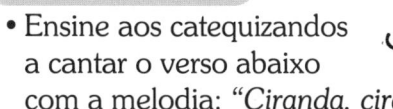

*"O pecado nos afasta de Deus, Nosso Senhor.
Por meio da confissão Deus nos dá o seu perdão.
Pula, pula, corda, e responda agora, meu irmão:
Quais são os cinco passos
para a boa confissão?"*

Organize uma fila com eles, e assim, cada catequizando deverá pular conforme a separação das palavras (ex.: bom-pro/pó/si/to = cinco pulos) e deixar a corda, da mesma forma o seguinte, até que todos tenham pulado as cinco vezes. Dessa maneira, eles assimilarão mais rápido o conteúdo do encontro, você pode até variar o jeito de pular (com um pé só, dando voltinhas, passando zero etc.). Use a sua imaginação para tornar a brincadeira ainda mais divertida.

Quem cai na rede é peixe

OBJETIVO:
- Valorizar a ideia de cooperação por intermédio do prazer de brincar.

COMO BRINCAR:
- Organizar duas fileiras seguidas com o mesmo número de catequizandos, uma de frente para a outra, separadas por cerca de 10 m. Uma fileira representa os peixes. A outra representa os pescadores, que ficam de mãos dadas, formando uma rede. Combine com a garotada um sinal de partida: um lenço agitado, um assobio, o toque de um apito. Dado o sinal, as duas fileiras aproximam-se uma da outra. Os peixes tentam atravessar a rede. Os pescadores, sempre de mãos dadas, tentam fechar a rede em volta dos peixes. Quando o círculo se fecha, são considerados pescados os peixes que estiverem no seu interior. Na outra rodada, invertem-se os papéis de peixe e de pescador. Ganha a brincadeira a turma que tiver menos peixes pescados.

TEMPO LITÚRGICO

OBJETIVO:
- Conhecer o ano litúrgico, as festas religiosas, seus símbolos etc., aprendendo dessa maneira a participar das celebrações da Igreja.

MATERIAL:
- Uma bola, de preferência de praia.

COMO BRINCAR:
- Cada participante escolhe um tempo ou uma festa litúrgica (Advento, Natal, Páscoa, Pentecostes etc.). O catequizando que representar o tempo do Advento deve iniciar a brincadeira, visto que o ano litúrgico inicia-se com o Advento.
Em seguida, todos ficarão de frente para uma parede à distância de três passos, um ao lado do outro. Começa a brincadeira:
Ex.: Advento joga a bola para o alto, de encontro à parede, dizendo: "Advento chama Páscoa".
O catequizando que tem o nome do tempo litúrgico pedido (no caso, Páscoa) corre para pegar a bola antes que ela caia no chão, enquanto os outros deverão correr para distanciar-se dele.
Se conseguir pegar a bola, o catequizando deverá repetir a ação, ou seja, jogar novamente a bola e chamar por outro tempo ou festa litúrgica.
Mas se não conseguir, o participante deverá pegá-la o mais rápido possível. Assim que estiver com a posse da bola, deverá gritar: "CELEBRAR".
Ao ouvir essa palavra todos os outros catequizandos deverão permanecer parados. Então o catequizando que estiver com a bola na mão tentará acertar o jogador mais próximo. Enquanto isso, os outros jogadores tentam desviar-se da bola para não serem "queimados".
Se não "queimar", o jogador tem que explicar a todos o seu tempo litúrgico, passando a vez para o tempo litúrgico mais próximo (ex.: a próxima festa depois da Páscoa é Pentecostes, que recomeça a brincadeira, jogando a bola na parede e chamando outro tempo ou festa).
Se conseguir "queimar" alguém, o catequizando que foi queimado deverá falar sobre o seu tempo litúrgico. Caso aconteça de sair mais de uma vez o mesmo tempo litúrgico, pergunte sobre os símbolos usados nesse tempo, a cor que representa na liturgia, como celebramos, cantamos etc.

Passa Amor

OBJETIVO:
- A brincadeira do Passa Amor pode ser utilizada nos encontros que falem sobre partilha, valorização da pessoa humana, sobre o Sagrado Coração de Jesus etc.

MATERIAL:
- Confeccione um coração de cartolina em um tamanho que fique escondido no meio de nossas mãos (pode se escrever JESUS no centro do coração).

COMO BRINCAR:
- Essa brincadeira na verdade é o conhecido Passa Anel, só que em vez de passarmos um anel iremos passar um coração.
Sorteia-se a criança que vai passar o coração. As outras sentam-se lado a lado, com as mãos fechadas (como para rezar) no colo. A que está com o coração entre as palmas das mãos começa a passá-lo, ou seja, finge que põe o coração na mão de cada um dos participantes, mas, na verdade, só deixou cair na mão de um. Quando acaba, abre as mãos mostrando que já não está mais com o coração. Ao terminar, a criança pergunta a um dos participantes: "Quem está com Jesus no coração?" Se a criança acertar, vai passá-lo na vez seguinte.
Dessa forma a criança aprende brincando que Jesus está em todas as pessoas e que é necessário enxergarmos sua presença no irmão; todas as pessoas podem partilhar amor.

TOMÉ, ONDE ESTÁ A TUA FÉ?

OBJETIVO:
- Ilustrar a mensagem de Fé transmitida na passagem bíblica de Tomé.

MATERIAL:
- Tiras de papel e caneta.

COMO BRINCAR:
- Todo mundo já deve ter brincado de Detetive; nessa brincadeira temos como personagens o assassino, o detetive e as vítimas. Na brincadeira "Tomé, onde está a tua fé?" teremos novos personagens: Jesus, Tomé e os apóstolos.
Jesus é sinal de Vida Nova, quando ele piscar, todos deverão dizer:
– Jesus está presente e vivo no meio de nós!
Tomé não acredita que Jesus esteve presente no meio dos apóstolos porque não o vê, procura descobrir onde está Jesus. Quando Tomé descobrir, este indicará a pessoa dizendo:
– Mestre, é você mesmo!
Caso a pessoa seja um dos apóstolos, então quem estiver representando Jesus manifesta-se dizendo:
– Tomé, onde está a tua fé?

BIBLIOGRAFIA

IPJ/Leste II. *Recriando experiências*. São Paulo, Paulus, 1997.

PEREIRA, M. S. *Jogos na escola, nos grupos, na catequese*. São Paulo, Paulinas, 1981.

SALOMAR, Michel. *A missão de catequista*. São Paulo, Paulinas, 1995.

Revista NOVA ESCOLA, São Paulo, Editora Abril, dez. 1996, maio e agosto, 1997.

ROBATO, Sônia. *Nana nenê – uma história para cada dia*. São Paulo, Globo, 1993.

Sumário

Apresentação 3
Introdução 4
Amarelinha 5
Bíblia em mutirão 6
Central telefônica 7
Conhecendo a comunidade 8
Correio 9
Pescaria 10
Dança das cadeiras 11
Enfrentando os desafios com fé 12
Era uma vez... 13
Fazendo a feira 14
Locomotiva 15
Pique-comunidade 16
Pulando para perto de Deus 17
Quem cai na rede é peixe 18
Tempo litúrgico 19
Passa amor 20
Tomé, onde está a tua fé? 21
Bibliografia 22

Rua Dona Inácia Uchoa, 62
04110-020 – São Paulo – SP (Brasil)
Tel.: (11) 2125-3500
http://www.paulinas.com.br – editora@paulinas.com.br
Telemarketing e SAC: 0800-7010081